OBSERVATIONS

SUR LES DANGERS

DE LA

CONDUITE DU MINISTÈRE.

OBSERVATIONS

SUR LES DANGERS

DE LA

CONDUITE DU MINISTÈRE

RELATIVEMENT

AUX FONCTIONNAIRES DÉPUTÉS;

*Par M.***,*

Membre de diverses Assemblées législatives.

SECONDE ÉDITION.

PARIS,

A LA LIBRAIRIE CONSTITUTIONNELLE

DE BRISSOT-THIVARS,

Rue Neuve-des-Petits-Champs, n° 22.

1820.

OBSERVATIONS

*Sur les Dangers de la Conduite du Minis-
tère relativement aux Fonctionnaires
Députés.*

La conduite du ministère actuel, pendant
et après la session des chambres, relativement à des fonctionnaires membres de
ces chambres, a fait naître le désir et éprouver
le besoin d'examiner une question d'une
haute importance, celle de savoir jusqu'où
doit aller envers le ministère l'obéissance
passive des fonctionnaires publics qui sont
en même temps pairs ou députés, et s'ils
doivent être destitués de leurs fonctions et
privés de leurs emplois, lorsque cette obéissance n'est pas complète.

Les différens ministères, qui se sont suc-
cédés avec une effrayante rapidité depuis
la seconde restauration, ont toujours été

enclins à croire que cette obéissance ne devait pas connaître de bornes. C'était plutôt, dans l'origine , une affaire d'instinct que de raisonnement : aussi rien n'était-il arrêté sur ce point ; il existait même une si grande irréso-lution que l'on ne cite, depuis 1815 jusques à la fin de 1818, que deux exemples de fonctionnaires destitués, parce qu'ils avaient combattu l'avis des ministres à la tribune nationale ; c'est M. Villèle , ex - maire de Toulouse , et M. *Benoit*, rayé de la liste des conseillers d'état pour avoir appuyé les conclusions de M. *Corbières* en faveur d'un sieur *Robert*, détenu par ordre du ministre de la police générale.

Ces destitutions, comme elles étaient les premières de ce genre , ont été longuement discutées dans le public ; toutes deux ont excité les réclamations les plus vives de la part du parti ultra-royaliste, parce qu'elles frappaient deux de leurs orateurs ; toutes deux furent hautement blamées par les libé-raux, parce qu'elles leur paraissaient attaquer la liberté des suffrages dans son élément constitutif ; et généralement désapprouvées par tous les hommes éclairés, qui ne virent dans ces actes de vengeance ministérielle qu'une exclusion donnée aux fonctionnaires publics : n'était-il pas juste de croire qu'en effet les électeurs, avertis par cet imprudent exemple, ne voudraient plus en appeler à la chambre des députés, qui se trouverait ainsi privée de leur lumières et de leurs expérience ?

Le dépit, bien plus que la réflexion, avait effectivement déterminé l'exclusion de M. Villèle de ses fonctions de maire de Toulouse, et la radiation de M. *Benoit* de la liste des conseillers d'état.

Néanmoins le ministère s'étonna de ce que le public avait pu en être surpris ; « Car enfin » en Angleterre n'est-on pas cassé aux *gages* » *tout net* comme indigne de servir la cou- » ronne lorsque l'on joint à une place des » fonctions parlementaires, si l'on ne voit » pas toujours comme les ministres ? »

C'était une idée que l'on était fort aise de jeter dans le public pour l'y laisser germer ; l'on voulait pouvoir s'en servir un jour, comme d'un point d'appui pour introduire dans nos usages parlementaires la doctrine que l'on croit communément être suivie en

Angleterre vis - à - vis des fonctionnaires publics : c'est surtout depuis la seconde restauration que le gouvernement va toujours chercher des *précédens* en Angleterre, comme si notre charte était semblable en tout à la constitution de la Grande-Bretagne; elle en diffère pourtant en des points tellement essentiels, que, dans la position respective des deux royaumes, c'est une loi toute différente, et qu'en conséquence une foule d'usages anglais, loin de pouvoir s'unir à la charte, sont au contraire repoussés par son esprit et par ses principes.

Le ministère d'ailleurs n'emprunte jamais à l'Angleterre, que les exemples qui peuvent lui servir à augmenter le pouvoir de la couronne ou sa propre influence : si ses adversaires en invoquent qui soient favorables à l'affermissement de nos libertés ou à des intérêts nationaux, il ne manque pas de déclarer que nos mœurs politiques ne sont point conformes à celles des Anglais , et que dès - lors ce pays ne peut nous servir de modèle.

L'Angleterre est donc pour le ministère un véritable arsenal , dont lui seul a la prétention d'avoir la *clef* : il l'ouvre et le ferme à volonté; il y va prendre les armes qu'il pense devoir lui être utiles, et refuse avec opiniâtreté de livrer à ses adversaires celles dont ils pourraient, à leur tour, faire usage pour consolider nos institutions, et asseoir la liberté publique sur des bases immuables.

A l'époque dont nous parlons, le ministère consultait encore l'opinion, et conservait pour elle tous les égards dont elle ne doit jamais cesser d'être l'objet, même pour MM. les ministres.

L'impression défavorable produite par les destitutions de MM. Villèle et Benoit indiquait au ministère que le moment n'était pas arrivé d'établir dans la chambre des députés la discipline parlementaire : ils l'ajournèrent donc, et il était permis de croire que les excellentes réflexions faites à ce sujet par M. Camille Jordan, dans son lumineux compte rendu de la session de 1817, avaient pu le déterminer à y renoncer pour jamais. L'on devait d'autant plus se le persuader que les occasions de la pratiquer ne manquèrent pas dans les sessions qui eurent lieu depuis 1815. Des députés fonctionnaires s'y montrèrent constamment en opposition ouverte avec le ministère ; ils combattirent ses projets , soit par des discours prononcés à la tribune, soit par des opinions imprimées : les uns siégeaient dans le centre , les autres dans le côté droit ; ceux-ci administraient des préfectures, ceux-là faisaient partie du ministère public dans nos cours royales ; quelques-uns étaient des généraux sans services militaires , nouvellement surgis du sein de la noblesse ; quelques autres avaient des emplois à la cour ; dans le nombre , plusieurs touchaient d'annuelles gratifications prises sur des fonds clandestins : tous enfin étaient plus ou moins dans la dépendance ministérielle , et tous jouirent néanmoins d'une pleine et entière liberté , peut-être même en abusèrent-ils ; car ils ne se bornèrent pas simplement à contrarier les mesures du ministère ; mais ils se prononcèrent violemment contre la Charte , et contre toutes les lois qui en étaient les immédiates conséquences. Leur audace fut portée si loin que l'on a pu dès-lors être convaincu que les agens d'une autorité mystérieuse étaient bien autrement puissans que ceux de l'autorité reconnue ; et il fut permis aux esprits défians de soupçonner qu'il existait une certaine intelligence entre le gouvernement patent et le gouvernement occulte. Le ministère d'alors, et on lui doit cette justice, essaya de s'en plaindre, et indiqua positivement à la tribune où était la toute puissance qui paralysait la justice, neutralisait l'administration, et suspendait l'organisation militaire. Dans le conseil du monarque les ministres s'élevèrent quelquefois avec énergie contre la conduite de certains fonctionnaires, pairs et députés, présumés agens de cette puissance secrète ; ils sollicitèrent vainement des témoignages non équivoques de désapprobation ; ils obtinrent une fois, assez difficilement, qu'une promenade habituelle serait prolongée, afin de priver ceux qui ne pouvaient se dispenser de s'y trouver, de la faculté de voter dans une importante délibération. Cette petite correction bien douce, cette admonition toute paternelle, était bien insuffisante pour apaiser la colère ministérielle ; elle était grande ; elle exigeait pour se calmer des disgrâces, des privations d'emplois, des suppressions d'habituelles gratifications : elle eût probablement obtenu quelque chose si M. Decazes, mieux instruit sans doute , n'était intervenu pour dire alors que la liberté des suffrages devait être sacrée ; qu'il fallait l'assurer en la respectant religieusement dans les députés fonctionnaires ; que les frapper pour leurs opinions politiques , c'était déclarer aux colléges électoraux qu'à l'avenir, ils ne devaient plus nommer d'hommes en place ; qu'il fallait savoir supporter les inconvéniens du moment pour ne pas se priver des immenses avantages que le gouvernement pourrait tirer par la suite de l'assistance des fonctionnaires publics , dans les chambres. Ces principes si sages, dont nous supprimons ici les développemens , avaient été professés constamment par l'ex-président du conseil des ministres. Comment se fait-il donc que ce fut lui qui, le 16 février dernier, au moment où sa chute était inévitable, où une faction ennemie de notre régénération l'arrachait *violemment de son poste* , parut à la tribune pour y reproduire, dans l'exposé des motifs du projet de loi sur les élections , la doctrine anglaise dans toute sa pureté, dans toute son étendue, sans aucun égard pour la délicatesse française ? (1) L'on a consacré dans quelques lignes , qui resteront long - temps dans la mémoire, des maximes empruntées du pouvoir absolu , maximes victorieusement

---

(1) Tant que le fonctionnaire conserve le lien qui l'attache à l'administration supérieure, il ne lui est pas permis de le relâcher ou de le méconnaître. Agent ou dépositaire du pouvoir, il lui doit appui et secours : il le trahit, et se manque à lui - même s'il agit autrement.

Alors que nos mœurs publiques se seront formées ou développées , elles suffiront pour faire justice des écarts que l'oubli de ces principes pourrait faire naître , et pour dispenser le gouvernement de les rappeler par *sa sévérité* à ceux qui les méconnaîtraient.

Chez nos voisins (*a*), qui se connaissent en devoirs comme en liberté , l'opinion , cette opinion qui est la morale publique, fait à elle seule justice des fonctionnaires qui oublient ce qu'ils doivent au mandat de confiance royale qu'ils ont accepté.

> *(Exposé des motifs du projet de loi présenté*
> *par le ministre de l'intérieur, sur le*
> *nouveau mode d'élection.)*

(*a*) Maintenant que M. Decazes a pu étudier de plus près les usages politiques de l'Angleterre, il faut croire qu'il modiffierait cette phrase, qui conviendrait mieux à l'érudition de M. le ministre des affaires étrangères.

réfutées par plusieurs orateurs distingués, et qui seront toujours repoussées avec indigna-tion par tous les amis de la liberté.

Ces menaces, écrites solennellement, adres-sées aux députés fonctionnaires, avaient été faites verbalement à chacun d'eux au com-mencement de la dernière session : elle avait été ouverte avec l'intention funeste d'y faire adopter des projets de lois contraires aux droits et aux intérêts de la nation; l'on savait d'avance combien il serait difficile de réunir la majorité en leur faveur, et l'importance d'une voix était d'autant plus grande, que l'adoption dépendait des votes de cinq minis-tres, membres de la chambre.

Alors tout fut mis en usage pour s'assurer des suffrages des députés; promesses, destitu-tions, récompenses, punitions, tout était bon pour parvenir au but ; le succès paraissait de-voir tout justifier : aussi les députés étaient-ils circonvenus, *travaillés ;* rien n'était négligé pour parvenir à découvrir leurs plus secrètes pensées sur la liberté de la presse et la loi du 5 février. L'on ramenait toujours la conversa-tion sur ces sujets, et les députés dignes de leur honorable mission s'expliquaient avec fran-

chise, avec loyauté, avec énergie ; et s'ils s'é-
taient montrés, dans des entretiens particuliers,
peu disposés à seconder les intentions ministérielles, les ministres en étaient sur-le-champ ins-
truits par les complaisans ordinaires du ministère. Aussitôt un des ministres adressait à ce député des observations mesurées sur le degré
d'indépendance et surtout d'influence dont il
jouissait dans la chambre. Avec les uns l'air
était patelin, le ton modeste, le sourire gracieux;
avec les autres la tête était haute, la voix élevée,
la sévérité était empreinte sur tous les traits : telle
était toujours l'attitude que l'on prenait vis-à-
vis des fonctionnaires députés , soit dans la
salle des conférences, soit même dans l'en-
ceinte des séances. Ce fut là que, dans la première semaine de l'ouverture de la dernière
session, un ministre dit à un préfet qui passait
près de lui : J'ai su, monsieur, que vous avez
dîné chez un directeur général. —Votre Excellence est bien instruite. — Au moment où l'on
prenait le café, la loi du 5 février a été attaquée
comme elle devait l'être par les agens du gouvernement; elle a cependant été défendue par
vous.—Oui, Monseigneur. —Vous aviez donc
oublié... — Rien, et je suis bien aise de pouvoir

vous dire ici, devant mes collègues, que ma préfecture est au gouvernement, et que ma conscience est à moi.

'Le système si nettement exprimé, si positivement expliqué dans l'exposé des motifs précédemment cité, n'appartenait pas exclusivement à l'ex-président du conseil; il lui avait été, dit-on, inspiré par un homme qui, pour avoir coopéré à la rédaction de ces mêmes motifs, exerce peut-être maintenant une très-grande influence dans les affaires publiques. Ce politique amphybie, cet être mystérieux, sans paraître positivement nulle part, est cependant partout; il accepte tout sans renoncer à rien; il est tout à la fois intendant des bâtimens du roi et directeur général des communes; il est inviolable comme pair de France, et néanmoins il est chargé de la police; il fait poursuivre et arrêter les personnes supposées suspectes; ne se contente pas des moyens de connaître le contenu des lettres avant qu'elles soient parvenues à leur destination; mais il les fait saisir ensuite, lorsqu'elles y sont arrivées; il n'est pas ministre de l'intérieur en nom, mais il l'est de fait, puisque c'est

à lui que tout le personnel est exclusivement confié. Un homme aussi occupé répond rarement aux demandes qui lui sont adressées; et les réponses qu'il croit ne pouvoir se dispenser de faire se font attendre long-temps; un homme aussi occupé est difficile à voir; y parvenir n'est pas effectivement une chose aisée, et l'invisibilité est tout ce qu'il a de commun avec la divinité : ses paroles sont étudiées et rares. Néanmoins après la retraite forcée de celui auquel il doit tout ce qu'il est, il disait : « Nos principes sont clairement établis
» dans l'exposé des motifs du projet du 16 fé-
» vrier. Les fonctionnaires publics ont dû ap-
« prendre par là qu'ils ne doivent agir, voter
» et penser que comme nous : la subordination
» doit être exacte, entière ; quiconque n'est
» pas toujours pour nous, est contre nous, et
» ne peut rester avec nous. »

Cette théorie des votes mécaniques, si complaisamment développée par l'intendant des bâtimens de la couronne, n'est autre chose que la doctrine anglaise *de l'inflexibilité;* elle avait été essayée en 1816 sur M. Benoît pour la première fois; elle le fut pour la seconde vers la fin de 1818; en n'adressant pas de lettres d'institution au respectable M. Du-

(14)

pont de l'Eure , l'un des présidens de la cour royale de Rouen. M. Pasquier fit , de cette injustice , le dernier acte de son ministère de la justice. Elle n'a été ni réparée ni adoucie par son successeur. il : a même trouvé juste de lui refuser une pension bien légitimement acqnise par 28 ans de bons services, sous prétexte qu'il lui manquait encore quelques mois pour y avoir des droits incontestables. M. Pasquier n'a pas hésité un seul instant à priver deux départemens d'un juge aussi intègre qu'éclairé, et jouissant de la confiance de ses justiciables, à ce point, que tous l'auraient choisi pour leur arbitre. Il faut avoir des relations dans les départemens de la Seine-Inférieure et de l'Eure pour se former une juste idée de la belle réputation dont y jouit M. Dupont, et conséquemment de l'influence qu'il y exerce.

La doctrine anglaise a été reprise en 1820 ; et M. Stanislas Girardin, préfet de la Côte-d'Or depuis 10 mois, et nommé député par la confiance presque unanime de ses anciens administrés de la Seine Inférieure, a été destitué pour avoir défendu l'article 8 de la Charte, qui consacre la liberté de la presse, et s'être égayé un peu sur la proposition faite dans la chambre des pairs de supprimer les caricatures. Les habitans de la Côte - d'Or sont à portée de juger s'il a été pour eux un bon administrateur, et ses commettans, s'il a été un bon et loyal député.

En fait de destitutions, M. Stanislas Girardin a eu l'avantage de la priorité en 1820, et l'on ne peut révoquer en doute que cela n'en soit un réel. La même bienveillance ministérielle s'étendit bientôt après sur MM. *Lafitte* et le général *Foy* ; l'un perdit la place de gouverneur de la banque de France, et l'autre celle d'inspecteur d'infanterie.

M. Lafitte, justement considéré par tout le commerce de Paris, était l'élu de la confiance; il l'avait pleinement justifiée par son honorable conduite en améliorant l'établissement qu'il avait administré avec un rare désintéressement.

M. le général Foy, aussi distingué pendant la guerre que pendant la paix, brillant sur le champ de bataille, superbe à la tribune, est en un mot un de ces hommes que l'on peut présenter également à ses amis et à ses ennemis.

Telles furent les trois honorables victimes

de la nouvelle discipline qu'un ancien secrétaire de Napoléon avait cru devoir exercer
sur la chambre des députés. Ces destitutions
furent hautement et généralement désapprouvées ; elles étaient injurieuses pour les autres
députés fonctionnaires ; elles les plaçaient
dans des positions tout-à-fait fausses, et
leur disaient clairement : Vous aurez désor-
mais à choisir entre vos consciences et vos
places. Les nouveaux auxiliaires du ministère
le louèrent de son courage, le félicitèrent de
son inflexibilité ; mais trouvèrent qu'il l'avait
restreinte dans un cercle trop étroit, et que s'il
avait été bien de frapper MM. Stanislas Girardin, Lafitte et Foy, il eût été également convenable de destituer sans distinction tous les fonctionnaires députés qui votaient avec leurs ci-de-
vant collègues. Les hommes d'un certain parti,
habitués à dresser des listes , en remirent une
au gouvernement, qui contenait les noms de
plus de cinquante fonctionnaires, méritant
d'être à jamais proscrits, puisqu'ils osaient
dire, soutenir, imprimer que le rétablisse-
ment des lois d'exception ne contribuerait
pas à augmenter le nombre des partisans de
la dynastie régnante, et serait considéré comme

un outrage fait à la charte. Le ministère, encore tout étonné de la vigueur qu'il venait de déployer, crut devoir reprendre de nouvelles forces avant de porter de nouveaux coups. Il résista donc aux pressantes sollicitations de ses anciens ennemis, qui étaient devenus ses nouveaux amis ; ils le conjurèrent inutilement de prononcer de nouvelles destitutions ; ils ne purent l'y déterminer pour le moment. Le ministère eut même soin de faire répandre dans l'assemblée, par ses affidés, que les fonctionnaires députés, qui se borneraient à voter silencieusement, pouvaient continuer à obéir aux inspirations de leur conscience, et n'auraient point à redouter l'effet des rapports des surveillans attachés à leurs pas.

Mais la session terminée, le ministère, fier d'un triomphe législatif, obtenu pendant que le sang innocent coulait dans Paris, crut pouvoir agrandir son système, renverser les limites qu'il avait semblé vouloir s'imposer, et destituer dans le sein et en dehors des chambres.

Il destitua des députés fonctionnaires qui gardèrent le silence comme ceux qui crurent devoir le rompre ;

Des conseillers d'état pour des conversations particulières, où les mesures prises par leurs excellences n'avaient pas toujours été louées ;

Un directeur général, pour sa persévérance à défendre les vrais principes des élections ;

Des maîtres des requêtes, pour s'être permis d'assister trop exactement aux séances de la chambre des députés;

Des préfets, pour avoir fait exécuter ponctuellement les ordres de l'ancien ministre de l'intérieur relativement à ces prédicateurs ardens de contre-révolution, propagateurs protégés, et généreusement salariés pour répandre toutes les doctrines anti-constitutionnelles, et pour présenter spécialement aux acquéreurs des biens nationaux les portes de l'enfer toutes grandes ouvertes ;

Des commandans de division, l'honneur de l'armée, pour avoir témoigné de l'attachement aux principes de la charte, et pour n'avoir pas considéré et fait traiter comme des séditieux ceux qui en invoquèrent et en proclamèrent le nom ;

Des ambassadeurs, pour avoir laissé percer le vœu de ne plus retrouver des lois d'exceptions lorsqu'ils retourneraient dans leur patrie après avoir rempli leur mission;

Des receveurs généraux, pour avoir manifesté des regrets sur le déplacement d'un ancien ministre des finances *(a)*;

Ces destitutions, parties à la fois de tous les bureaux ministériels, furent insérées dans la partie officielle du *Moniteur*, le lendemain du jour où l'on apprit à Paris qu'un peuple de plus venait de conquérir sa liberté. Le ministère voulut sans doute prouver en augmentant le nombre déjà très-considérable de ses injustices qu'il n'était pas accessible à la crainte, et annoncer à la France qu'un peuple possesseur d'une charte n'avait rien à demander, pas même l'exécution de cette même charte.

Ces destitutions, toutes nombreuses qu'elles ont été, étaient bien éloignées de remplir les engagemens contractés envers les nouveaux amis des ministres : beaucoup de fonctionnaires, qui avaient acquis d'honorables droits pour être atteints par la proscription ministérielle, avaient été visiblement ménagés.

Ces messieurs citaient entre autres un

(a) Voyez les notes à la fin de l'ouvrage.

orateur auquel ils ne pardonnent pas d'avoir abandonné leurs drapeaux pour consacrer son beau talent d'improvisation à la défense de nos libertés ; ils ne désignaient pas avec moins d'empressement à la vindicte ministérielle un fonctionnaire membre de la députation d'un département qu'un libelle calomniateur vient récemment de transformer *en bourg pourri ;* mais leurs efforts échouèrent contre la toute puissance des protections particulières.

Parmi cette foule de nouveaux destitués deux principalement appelèrent sur eux et l'intérêt, et l'attention publique : leurs radiations, impossibles à justifier, ne pouvaient pas même être excusées. L'on concevait jusqu'à un certain point qu'il n'avait pas été extrêmement difficile d'obtenir du dispensateur de toutes les places les destitutions de M. Stanislas Girardin et du général Foy, en réveillant des soupçons qui ne seront jamais qu'assoupis, et en lui rappelant que tous deux étaient intimement convaincus que l'existence d'un pays précède toujours celle d'un gouvernement quelconque, et que servir celui qui existe de fait c'est être éminemment utile à sa patrie.

Mais quel prétexte a pu être inventé pour

oser demander les destitutions de MM. Royer-Collard et Camille Jordan ? Comment les motiver, comment les colorer, comment surtout les justifier ?

Le roi et son auguste famille ont-ils un seul reproche à leur faire? n'ont-ils pas toujours été dévoués de cœur à la dynastie des Bourbons ?

N'ont-ils pas tout sacrifié pour elle? n'ont-ils pas couru les dangers les plus grands pour la servir ?

L'un n'a-t-il pas toujours été en France le commissaire du roi? ne l'a-t-il pas été dans des circonstances où ce titre seul mettait ses jours dans le plus grand péril ?

L'autre n'a-t-il pas été persécuté, banni, proscrit pour avoir constamment et loyalement combattu dans nos assemblées nationales pour le trône et pour l'autel ?

Je le demande maintenant à ceux qui viennent de déclarer que ces bons Français ne sont plus assez purs, assez dévoués pour continuer à pouvoir servir le roi; je les prie de vouloir bien me dire ce qu'ils faisaient lorsque MM. Camille Jordan et Royer-Collard multipliaient au milieu des périls qui naissaient sous leurs pas les preuves de leur constante fidélité..

Ce qu'ils faisaient, je le dirai pour eux, et je les dispense de m'en savoir gré.

L'un, pour plaire ou pour obéir à son maître, était journellement occupé soit à multiplier les ressorts de la police pour faire surveiller dans l'exil des princes malheureux, soit à expédier des agens secrets, qui, munis d'instructions copiées sans doute dans le cabinet de Napoléon par un jeune homme aujourd'hui pair de France, étaient (dit-on) chargés d'attirer ces illustres proscrits dans leur patrie...... on ne croit pas que ce fût pour les rétablir sur le trône légitime.

L'autre servait, comme ministre en pays étranger, le frère du guerrier couronné qu'il avait, comme tribun, contribué à faire élever à l'empire par un discours qui prouve toute *a* flexibilité des opinions du ministre actuel de S. M. Louis XVIII (1)

----

(1) Voici des extraits de ce discours prononcé dans la séance du 10 floréal an 12.

« Ne sont-ils pas coupables ceux qui, portant de

Celui-ci était, dit-on, l'un des chefs les plus accrédités d'une compagnie qui s'enrichissait en jouant sur les fonds publics, et en spéculant sur les biens dits nationaux;

Celui - là donnait d'assez bons conseils à Napoléon sur les mesures à prendre pour ac-

---

contrée en contrée leurs ressentimens, leurs humiliations et leurs vengeances, excitaient cette coalition qui a coûté tant de pleurs et de sang à l'humanité? Ils vendaient aux puissances, dont ils s'étaient fait les cliens, une partie de cet héritage dans lequel ils les conjuraient de les rétablir ;

» Les catastrophes qui frappent les rois sont communes à leur famille : il a fallu qu'après les avoir repris, l'Angleterre chassât les enfans de Charles 1er. Le retour d'une dynastie détrônée, abattue par le malheur moins encore que par ses fautes, ne saurait convenir à une nation qui s'estime.»

» Lorsque la famille dégénérée ne peut plus soutenir le poids des affaires publiques, une autre famille s'élève. C'est ainsi que l'empire français a vu les descendans de Mérovée remplacés par ceux de Charlemagne, et ces derniers par ceux de Hugues Capet. C'est ainsi que les mêmes causes et des événemens à peu près semblables, car rien n'est nouveau sous le soleil , nous amènent une quatrième dynastie. La troisième n'avait pas eu d'autres titres, ni de plus grands droits.»

croître la prospérité de notre commerce, et re-
cevait en échange des appointemens qui va-
laient mieux encore que ses conseils.

Vous qui exaltez avec tant d'orgueil vos
sentimens d'amour pour les Bourbons, vous
rendiez la justice au nom de Napoléon dans
les départemens réunis; et vous, qui sem-
blez avoir oublié que vous versiez votre
sang pour agrandir ses conquêtes, et affermir
sa domination, c'est sous ses ordres que vous
avez acquis de si beaux titres à la gloire et à
l'estime de vos valeureux frères d'armes, estime
dont vous seul pourriez parvenir à vous priver.

Vous enfin, qui tenez le premier rang dans
le conseil, n'avez-vous pas été aussi l'un des
premiers à fuir la patrie, et à vous occuper bien
plus dans une cour du nord de vos intérêts
propres que de ceux de vos anciens maîtres,
tandis que, parmi ceux que vous privez aujourd'hui de l'honneur de les servir, il en est
trois au moins qui appelaient leur retour
par leurs vœux, le facilitaient par leur inter-
vention, et n'ont pas été étrangers à la restauration qui, en 1814, les a replacés sur le trône
de leurs ancêtres?

Les hommes que je viens de peindre sont

cependant ceux qui se prétendent aujourd'hui les vrais et seuls serviteurs du roi, les dévoués par excellence à la dynastie, à la légitimité, et qui osent proclamer à la face de la France et de l'Europe que des citoyens tels que MM. Royer-Collard et Camille Jordan se sont rendus indignes d'être employés par le gouvernement du roi;

Royer-Collard, que tout gouvernement emploierait avec empressement par l'utilité incontestable qu'il retirerait de ses services, de son zèle et de ses talens;

Camille Jordan, que tout gouvernement serait fier d'appeler dans ses conseils, parce que c'est un homme aussi vertueux qu'éclairé, attaché à ses princes et à sa patrie. Frapper Camille Jordan, c'est frapper le juste, c'est bannir un moderne Aristide; et quel moment, grand Dieu! le ministère a-t-il choisi pour l'atteindre! celui où ce citoyen par excellence est en proie aux souffrances les plus cruelles; et, quelle est la source de ses infirmités? une proscription soufferte: pour qui?... Serait-il donc vrai que la reconnaissance fût une vertu ignorée des grands de la terre!

Lorsqu'il a été question dans le conseil de

MM. les ministres de destituer Girardin, MM. Lafitte et Foy, l'on a cru devoirse borner à prononcer sèchement leurs destitutions, et l'on a pensé que le gouvernement n'était tenu à aucun égard envers des députés du côté gauche : l'on n'a donc point voulu adoucir par des formes polies et conséquemment françaises tout ce que le procédé dont on usait envers eux pouvait avoir d'acerbe : la vengeance, si elle eût été mitigée, eût perdu de son piquant pour leurs excellences.

Cependant MM. les ministres ne devraient jamais oublier que c'est toujours au nom du roi qu'ils agissent, soit qu'ils accordent des faveurs, soit qu'ils annoncent des disgràces ; que dans le premier cas c'est vers le roi qu'ils doivent diriger toutes les reconnaissances, et que dans le second c'est sur eux qu'il est convenable et de bon goût d'appeler tous les ressentimens : et si MM. Girardin, Lafitte et Foy étaient capables d'en concevoir, il faudrait avouer que le ministère n'a rien fait de ce qu'il aurait pu et dû faire pour les amortir. Sa conduite envers MM. Royer-Collard et Camille Jordan a été bien différente ; il n'a point oublié totalement que leurs bouches éloquentes avaient

contribué plus d'une fois à défendre leurs mesures et à les faire triompher, l'un par le
charme attaché au langage d'une conscience
pure, l'autre par la force de sa toute puissante
dialectique. L'on a même dû croire qu'il a été
pénible et, je puis dire, douloureux pour lui
de les destituer; en consentant à rayer des
noms aussi illustres du tableau des conseillers
d'état, il a cédé à une influence étrangère
plutôt qu'il n'a obéi à sa propre conviction :
il a donné par là une preuve de plus qu'il
était entièrement subjugué, et conduit par un
parti bien plus fort que lui. Le ministère sans
doute se rappelait que, si dans le cours de la
dernière session, il avait eu à se plaindre de
MM. Royer-Collard et Camille Jordan, il
avait eu encore bien plus à s'en louer; il lui
était impossible de ne pas se souvenir que
sans eux, sans leur toute puissante influence
sur la réunion Ternaux, jamais il ne serait
parvenu à se tirer du pas extrêmement difficile dans lequel il s'était imprudemment en-
gagé ; il savait que très-peu de députés eussent
consenti à passer par la brèche ouverte par le
directeur général des eaux minérales, M. Boin,
si des hommes comme MM. Camille Jordan

et Royer-Collard ne s'y étaient présentés pour assurer qu'elle était praticable...... et c'est en lés destituant que vous avez reconnu l'immense sacrifice qu'ils ont fait à l'amour de la paix, à la conservation de la tranquillité dans la circonstance à jamais mémorable dont je viens de parler ! Je le répète, le ministère n'a pas pu les vouloir ces radiations; mais on lui a signifié qu'elles étaient nécessaires au maintien de l'alliance contractée le 18 février dernier avec les ennemis avoués et reconnus de nos nouvelles institutions.

MM. Camille Jordan et Royer-Collard étaient bien avec tous les ministres, liés intimement avec quelques uns d'entr'eux ; M. *de Serre* appelait Royer-Collard *mon père*, et Camille Jordan, *mon ami, mon très-honorable ami*; M. le garde-des-sceaux, impassible comme la justice, a cru devenir un Romain en faisant le sacrifice des sentimens si doux de l'amitié sur l'autel de la politique: lorsqu'il a été consommé ce sacrifice il fallait en instruire les victimes, et pour attester qu'il n'avait rien perdu du courage d'un ancien militaire, il a voulu s'en charger ; en conséquence il a écrit de sa main, de sa propre main à Camille Jordan et à Royer-Collard pour leur annoncer leurs destitutions : cette attention, qui paraissait si délicate à M. de *Serre*, a été étendue par lui à un jeune conseiller d'état, d'un talent incontestable, l'une des espérances de la France constitutionnelle, et qui n'a jamais eu qu'un seul tort, celui d'avoir cru et proclamé, pendant quelques semaines, que M. le garde-des-sceaux était le plus grand homme du siècle.

M. de Serre écrivait à M. Guizot que la manière dont il s'était exprimé dans des conversations particulières sur quelques-unes des mesures adoptées par le gouvernement avait dû le convaincre qu'il ne pouvait garder sa place au conseil, mais qu'il conserverait la pension dont il jouissait sur les affaires étrangères, pension qu'il n'avait pas ; il en offrait une à M. Royer-Collard sur le produit du sceau des titres, et mandait à Camille Jordan que, *revenu de ses erreurs,* il pourrait encore rendre des services à l'état. Je voudrais qu'il me fût possible, ou plutôt qu'il m'eût été *permis* de rapporter textuellement les belles et dignes réponses faites à M. le garde-des-sceaux par les trois conseillers d'état momen-

tère il faudra qu'il ait encore le caractère d'un valet : il évitera donc soigneusement de se mettre au nombre des candidats , ou , s'il est assez peu délicat pour s'y placer , il en serait bien certainement exclu par les électeurs.

Serait-ce un bien, serait-ce un mal qu'il n'y eût pas de fonctionnaires publics dans la chambre des députés ?

Ce serait certes un bien incontestable s'ils devaient toujours y être dans l'attitude du soldat russe , attendant le knout ministériel , et cherchant à l'éviter par leur empressement à aller au-devant des désirs de leurs supérieurs; mais ce serait un mal non douteux si on leur laissait le droit de s'y conduire comme ils l'ont fait jusqu'à la fin de la dernière session. L'on ne peut se dissimuler que dans le sein de l'assemblée ils n'y rendent à la chose publique des services essentiels et quotidiens ; ils améliorent les projets de loi par des connaissances pratiques , auxquelles rien ne peut suppléer; ils éclaircissent les questions les plus obscures en présentant des faits qui ne peuvent être connus que d'eux seuls; ils redressent l'inexpérience, ramènent l'homme d'esprit qui s'égare dans une fausse route , abrègent et terminent

tanément disgraciés (1) ; l'on se serait facilement convaincu , en lisant les réponses et les
lettres qui les nécessitaient , que Buffon avait
eu complètement raison lorsqu'il a dit que
le style était l'homme tout entier (b).

Je me suis borné jusqu'à présent à rapporter des faits peu connus du public , et qui
m'ont paru de nature à pouvoir l'intéresser :
il est temps maintenant d'examiner la marche
du ministère et surtout les désastreux résultats
que pourrait amener le système qu'il a suivi
et qu'il paraît décidé à suivre vis-à-vis des
fonctionnaires, membres de l'une ou de l'autre
chambre. Ce système, dont le but serait de
ne leur laisser jouir d'aucune espèce de liberté,
de les condamner à devenir de véritables auto-
mates, mis à l'entière disposition du ministère,
étant une fois hautement avoué, ouvertement
professé, aura pour conséquences nécessaires
d'inspirer à tout fonctionnaire qui se respec-
tera le désir de ne pas siéger dans la chambre
des députés , où il ne pourra plus être placé
honorablement, puisqu'avec la livrée du minis-

---

(1) **M. Royer-Collard** écrivait « qu'une disgrâce
honorable, encourue pour le service du roi, n'était
qu'un attrait de plus pour la fidélité. »

(b) Voir à la fin les notes.

des débats qui sans eux deviendraient souvent interminables.

Mais ces services pourraient-ils les rendre
encore ? Non, sans doute. Le ministère, en
les assujettissant à une discipline militaire, les
a condamnés au silence ; s'ils venaient à le rompre, ce serait, dirait-on, pour conserver leurs
places, ou pour tâcher d'en obtenir de meil-
leures : leurs discours, par cela seul qu'ils auraient l'air d'être commandés, resteraient sans
influence ; la défaveur les accompagnerait à
la tribune, et s'ils persistaient à vouloir y paraître, l'on connaît bien les moyens à prendre
pour les empêcher de pouvoir s'y faire en-
tendre.

La mesure fausse, inconsidérée, impoli-
tique, prise par le ministère, aura donc pour
résultat d'empêcher à l'avenir d'élire députés
des fonctionnaires publics, et de réduire à
une nullité complète ceux qui siègent dans
l'assemblée pendant tout le temps qu'ils
doivent encore y rester.

Ainsi le ministère, pour avoir cédé à la
colère, s'est privé volontairement, sciemment
de ses plus habiles et de ses plus utiles auxiliaires. Croit-il qu'en général les fonctionnaires

députés ne soient pas toujours disposés à le seconder. Être pour lui, rentre pour ainsi dire dans la nature d'un fonctionnaire; être contre n'est pas une habitude, mais toujours une exception. Un fonctionnaire député ne sera jamais entièrement de l'opposition; il ne croira pas pouvoir contrarier les mesures administratives; il votera toujours, par exemple, pour les douzièmes provisoires et pour toutes dispositions qui auraient pour but d'assurer la marche régulière du gouvernement; et enfin, lorsque sa conscience le déterminera à combattre un projet de loi qui lui paraîtrait devoir nuire à l'établissement de nos nouvelles institutions, ou attaquer la charte dans ses bases fondamentales, ses phrases seront toujours mesurées, décentes envers l'autorité, respectueuses pour le trône: c'est un soldat qui s'éloigne un moment de ses drapeaux avec l'intention de ne pas tarder à les rejoindre.

Il est donc certain que les ministres ont tiré sur leurs propres troupes; qu'ils ont fait un mauvais calcul en destituant des fonctionnaires députés; si c'est ainsi qu'ils croient servir le roi, leur erreur me paraît bien grande ; et le jour sans doute ne peut être éloigné où le monarque se convaincra que la dette de la reconnaissance ne sera pas difficile à acquitter envers de pareils serviteurs.

Néanmoins si cette erreur n'existait que dans notre croyance, et qu'il fût vrai, comme l'affirment MM. les ministres, que leurs nouvelles combinaisons électorales eussent été si savamment calculées qu'ils obtinssent la majorité par le résultat des nouvelles élections, que diriez-vous ? je dirais que , pour que cette majorité fût flexible, obéissante et agréable à MM. les ministres sous tous les rapports, il faudrait qu'elle fût composée principalement de fonctionnaires publics. Tous alors s'écrieraient, au signal donné d'en haut, que le jour où l'on a proposé de modifier la loi du 5 février sur les élections était un jour de deuil, de désolation, de calamité; mais bientôt après ils se réuniraient pour dire à un autre signal , parti du même point : Si la loi du 5 février n'est pas changée, si elle subsiste plus long-temps, la France est détruite, la dynastie régnante exclue et la légitimité anéantie. Ainsi cette majorité changerait d'avis tout aussi souvent qu'il conviendrait à MM. les ministres, et, pour justifier ses perpétuelles variations, elle renouvellerait le spectacle déplorable qui fut donné à l'occasion de la proposition de M. Barthélemy; elle en serait quitte pour dire comme M. Siméon : « Il vaut mieux recon-« naître son erreur que d'y persister (c). »

Je dirais que l'assemblée, endoctrinée par M. le ministre des affaires étrangères, vanterait les *douceurs de l'arbitraire et les charmes de la partialité*.

Que, façonnée au ton modeste de M. le baron, elle mettrait sans cesse à l'ordre du jour l'éloge obligé des ministres.

Que l'on préconiserait du haut de la tribune, l'un pour la constance de son dévouement à la légitimité, l'autre pour son excessive délicatesse, celui-ci pour son extrême désintéressement, celui-là pour avoir quitté sa maison de commerce le jour de son entrée au ministère, cet autre, pour la fixité de ses doctrines politiques; ce général comme un bon frère d'armes; ce ministre *in petto* pour son peu de suffisance; ce noble pair enfin

____

(c) Voyez les notes à la fin de l'ouvrage.

pour la profonde connaissance qu'il a acquise de l'état de la France en pays étranger.

Je dirais qu'une assemblée, composée de pareils élémens, consacrerait tous les abus, voterait toutes les dépenses demandées, augmenterait encore, si cela était possible, le fardeau presque insupportable des impôts, annullerait tous les avantages du gouvernement représentatif, et finirait par en faire souhaiter et demander l'anéantissement

Tel serait inévitablement le résultat de la conduite actuelle des ministres ; peut-être aussi est-ce ce but qu'ils veulent atteindre : l'on serait tenté de croire qu'ils y trouvent un moyen de caresser le présent, et de flatter l'avenir ; et l'on peut craindre qu'ils ne soient appelés à réaliser de bien coupables espérances.

Mais supposons que leurs calculs soient déjoués, que la majorité ne soit pas ministérielle, qu'au lieu d'aller choisir des députés parmi les fonctionnaires, les électeurs consolent par leurs suffrages honorables les nombreuses victimes des vengeances ministérielles, qu'ils se réunissent, par exemple, sur un homme qu'une saine philosophie a élevé au-dessus des erreurs du fanatisme, dont la plume brillante et féconde a rendu de nombreux hommages à la liberté des deux mondes, et que son âge, son rang, la dignité de son caractère n'ont point empêché de traduire devant les tribunaux (1) : supposons que ces mêmes suffrages aillent se rassembler sur des détenus en vertu de la loi du 26 mars dernier, ou sur ces bons citoyens qui n'ont pas cru que leur offrir des secours et des consolations, c'était commettre des crimes prévus par le code pénal.

Dans cet état de choses, dont bien des motifs s'unissent pour faire présumer la *possibilité*, que MM. les ministres ne croient pas qu'ils en seraient quittes pour venir à la tribune confesser leurs erreurs, et dire leur *meâ culpâ* : ils auraient des comptes difficiles et embarrassans à rendre ; je ne parle pas ici de ceux dont les lois d'exception et la manière dont elles ont été exécutées pourraient être l'objet ; il en est d'autres, et plus sérieux, et plus positifs ; je

____

(1) Pour ajouter sans doute au scandale de ce procès, on avait fait comparaître le même jour à côté d'un archevêque une messaline de cabaret !!! On sait comme la décision du jury a vengé tout à la fois le prélat et l'écrivain d'une injure et d'une persécution.

veux parler des outrages faits à la représenta-
tion nationale, des menaces adressées à des
députés en sortant ou en se rendant dans le
lieu de leurs séances, des violences exercées
envers quelques membres de la chambre, des
voies de fait dont un d'entr'eux a été l'objet
dans le jardin même des Tuileries de la part
d'un colonel chargé spécialement d'y maintenir le bon ordre. Que repondront les ministres
lorsqu'on leur demandera ce qui a été fait par
eux pour rechercher, découvrir et punir les
auteurs d'aussi scandaleux désordres? Que sont
devenues ces poursuites judiciaires ? quel a été
le résultat de l'enquête du tribunal de première
instance ? Enfin n'ira-t-on pas avec raison
jusqu'à considérer les ministres comme com-
plices de délits dont ils ont affecté de ne vouloir pas faire connaître les auteurs ? ne les
fera-t-on pas repentir d'avoir traité la chambre
des députés avec si peu d'égards et tant d'in-
solence ? Où trouveront-ils des défenseurs dans
le sein de cette même chambre ? iront-ils les
chercher parmi les fonctionnaires publics ? il
n'y en aura point, ou presque point dans cette
assemblée; ils en auront été écartés par les ministres eux-mêmes, et leur bannissement aura

été l'inévitable résultat des destitutions de ceux qui, dans la dernière session, sacrifièrent leurs places à leurs opinions, et consultèrent leur conscience bien plus que leurs intérêts ; en frappant ces fonctionnaires recommandables, ils ne se sont point aperçus qu'ils marquaient tous les autres d'un signe de réprobation aux yeux des électeurs, qu'ils les plaçaient par ce seul fait, si je puis me servir de cette expression, *hors des suffrages des colléges électoraux* : les ministres reconnaîtront alors, mais trop tard, combien ils ont eu tort de licencier les plus fidèles auxiliaires qu'ils puissent avoir dans la chambre des députés, et combien il est dangereux de vouloir introduire des doctrines étrangères dans un pays où les mœurs, les usages et les lois ne sont pas les mêmes : un examen plus réfléchi de ce qui se pratique en Angleterre au sujet des hommes en place, membres de la chambre des communes, eût suffi pour les convaincre de cette vérité.

Le temps, l'habitude, la réflexion, la nécessité peut-être, ont créé en Angleterre ce que l'on appelle une conscience politique ; c'est un élément nécessaire, indispensable au maintien et à la marche régulière de leurs institutions ; elle contraint indistinctement tous les Anglais à subordonner aveuglément leurs opinions parlementaires à celles de leurs chefs ; ils ne voient que par leurs yeux , ne croient que ce qu'ils disent, et ne jurent que par eux. Tout Anglais, n'importe la classe à laquelle il appartient, n'importe à quelle profession , a épousé un parti , dont il est devenu pour ainsi dire inséparable ; il est de celui du ministère, ou de celui de l'opposition ; car l'Angleterre tout entière est partagée en deux grandes divisions, les ministériels et les opposans ; il n'y a pas comme en France un tiers parti, ennemi déclaré de la constitution, qui prêche et désire le retour d'un régime aboli, le renversement de nos lois nouvelles et leur remplacement par les lois anciennes : en Angleterre les deux partis veulent également la conservation des libertés britanniques, la gloire de la patrie , son indépendance et sa prospérité ; ils ne diffèrent que dans un seul point ; les ministériels interprètent les lois dans les intérêts du pouvoir, et les opposans dans celui des peuples. Comme tout Anglais a, dès sa jeunesse la plus tendre , adopté une opinion politique, et s'est formé sous ce rapport un *caractère* auquel il va de son honneur de ne pas déroger, l'on se présente donc aux électeurs sous ses véritables couleurs ; et chacun des électeurs, d'après la connaissance officielle, si je puis me servir de cette expression, qu'il a de tous les *caractères*, sait d'avance qu'il vote ou pour un ministériel, ou pour un opposant en honorant de son suffrage tel ou tel candidat.

Les électeurs ne peuvent jamais se tromper, ni être trompés sur l'opinion politique de tel ou tel individu, puisqu'elle se manifeste dans les colléges, hors des colléges, dans toutes les corporations, dans les clubs ouverts dans presque toutes les rues de Londres, où l'on achète en entrant le droit de traiter toutes les questions qui tiennent à la plus haute politique. Chaque opinion a donc ses points de réunion, ses écrivains, ses journaux : l'on ne lit guère en Angleterre que les gazettes de son parti ; il n'y a de société, de liaisons intimes qu'entre ceux qui partagent la même manière de voir en politique.

Ainsi un membre du parlement sait quels sont les principes de ses commettans, comme ses commettans savaient quels étaient les siens au moment où ils l'ont choisi.

Dès-lors ces électeurs ne doutent pas que les hommes en place, honorés de leurs suffrages, ne soient toujours de l'avis du ministère; ils ont été élus uniquement par ce motif; ils trahiraient leurs commettans, et manqueraient à leur propre caractère s'ils ne défendaient pas les mesures du ministère, et s'ils ne votaient pas pour elles : les ministres n'ont donc rien à faire pour conserver dans leurs rangs et leur parti des hommes enrôlés sous leurs drapeaux ; ce que l'on appelle la discipline parlementaire n'a besoin d'être ni bien exacte, ni bien sévère ; cela même est tellement peu nécessaire, que s'il arrivait qu'un fonctionnaire vînt à changer d'opinion dans le cours d'une session, le ministère en serait prévenu d'avance par la démission de sa place : ces changemens sont rares, et l'on ne pourrait en citer que très peu d'exemples. En 1770, M. York, membre de l'opposition, l'a abandonnée un instant pour accepter les sceaux : honteux bientôt après de sa faiblesse, il s'est coupé la gorge pour échapper à ses regrets. Le parlement d'Angleterre offre donc le spectacle de deux armées en présence, parfaitement bien disciplinées et entièrement subordonnées à leurs chefs : cette obéissance passive n'est obtenue ni par la crainte des châtimens, ni par l'espoir des récompenses ; mais elle est le résultat de ce que j'ai appelé la *conscience politique.*

Cette conscience politique a cependant des règles, des bornes, des doctrines, des bases; les fonctionnaires, membres de la chambre des communes, sont liés par elle jusqu'à un certain point et pas au-delà ; ils appuient parmi les mesures ministérielles toutes celles qui peuvent donner plus de force au gouvernement, imprimer une activité plus grande à sa marche ; mais ils se réservent de ne consulter que leurs propres lumières lorsqu'il s'agit d'examiner des propositions qui peuvent compromettre le salut de l'état, en ébranler les fondemens ou y introduire de dangereuses innovations.

Dans d'importantes questions, telles que celle du bill de M. Fox, relatif à la liberté de la presse, l'émancipation des catholiques d'Irlande, la traite des noirs et, depuis la paix, *l'in-cometax,* ils ne votèrent pas en masse ; et ceux d'entr'eux qui, dans ces graves circonstances, se séparèrent des ministres conservèrent leurs places, et n'eurent aucun reproche à essuyer de leur part.

Vous voyez, d'après ce que je viens d'établir, qu'un fonctionnaire public en Angleterre peut siéger très-honorablement et très-utilement dans la chambre des communes : il vote pour un ministère dont les principes sont les siens ; il a été élu pour aider à leur triomphe ; il ne fait donc rien que de très-recommandable en se conduisant comme on a cru qu'il se conduirait lorsqu'il a été nommé.

Ce n'est pas là un automate ministériel comme on voudrait que le devînt en France un fonctionnaire député.

Mais en Angleterre les fonctionnaires ne peuvent être déconsidérés, parce qu'ils ne sont pas dans le cas de changer de langage lorsqu'il survient un changement complet dans le ministère, et que les rênes de l'administration sont momentanément confiées aux chefs de l'opposition : tous les hommes en place, sont à l'instant même remplacés ; il n'est pas nécessaire, ni de les destituer, ni même de les appeler à d'autres fonctions ; ils rendent inutile une semblable mesure, puisque tous ces fonctionnaires cessent leurs fonctions au même moment que leurs patrons : c'est encore là une conséquence inévitable de la *conscience politique* , dont il a été si souvent question. Cette même *conscience* ne permettrait pas à ces fonctionnaires de continuer à administrer dans des principes diamétralement opposés à ceux qu'ils pratiquèrent, proclamèrent et avouèrent dans tous les temps.

Un *caractère* est une chose tellement considérée que l'on y tient un peu plus qu'à la vie ; un *caractère* est pour un Anglais ce que l'honneur est pour un Français.

L'absence totale de cette *conscience politique* en France démontre assez que l'on ne peut y introduire quant à présent cette discipline parlementaire qui existe en Angleterre ; cette conscience politique y exerce sur la majorité et la minorité une influence telle, que dans toutes les questions l'une et l'autre sont connues long-temps d'avance.

Un membre du parlement ne s'informe pas de ce que son chef a dit lorsqu'il arrive dans la chambre des communes ; il se borne à demander comment il a voté : s'il avait voté que ce qui est *noir est blanc*, il voterait comme lui. Croyez-vous pouvoir jamais amener les Français à une pareille condescendance ;

croyez-vous qu'ils subordonnent jamais à ce point leurs opinions à celles d'autrui; ce qu'il y a de certain c'est qu'ils en sont tellement éloignés aujourd'hui, que, dans le courant de la même séance, vous voyez des députés voter alternativement pour et contre le ministre : il n'y a donc point en France comme en Angleterre d'opposition systématisée, et il n'en existera pas aussi long-temps qu'il n'y aura point de *conscience politique*; cette institution, si nécessaire à la marche d'un gouvernement représentatif, ne pourra peut-être pas parvenir à s'y naturaliser; elle répugne jusqu'à un certain point à la délicatesse française.

Lorsque l'élément constitutif d'une doctrine manque entièrement dans un pays, pourquoi vouloir l'y introduire ?

Privée de cet indispensable appui, la discipline parlementaire, qui dans la grande Bretagne n'enlève rien de leur considération aux fonctionnaires membres de la chambre des communes, n'aurait pour but en France que de dégrader les fonctionnaires députés, et de les flétrir dans l'opinion.

J'ai insisté d'abord sur les principales considérations; j'arrive maintenant à d'autres considérations, qui n'ont pas moins de force, et qui prouveront de plus en plus que *l'inflexibilité* ministérielle anglaise ne doit pas encore être transplantée en France, parce que le terrain n'est pas disposé pour l'y recevoir; qu'elle ne pourrait y prospérer, et n'y produirait aucun bien.

L'initiative des lois est en France une des prérogatives de la couronne; elle est exclusivement réservée au roi : en Angleterre elle prend au contraire naissance dans l'une ou l'autre chambre. Cette différence mérite d'être comptée pour beaucoup dans la question que nous traitons; elle sert à établir la participation que les fonctionnaires, membres de la chambre des communes, prennent à la confection des lois; ils ont travaillé à les créer, à les améliorer, à les perfectionner; ils défendent leur propre ouvrage en soutenant leur mérite : cette seule différence suffit pour effacer totalement cette apparence de servilité qui s'attache à ceux de nos fonctionnaires députés qui appuient intrépidement tous les projets présentés à la tribune par le ministère, projets dont ils n'ont connaissance qu'au moment où ils y sont lus, et dont beaucoup

de ces fonctionnaires députés blâment fré-
quemment l'ensemble, ou les détails dans
les bureaux, ou dans la salle des conférences;
mais qu'ils votent en s'excusant vis-à-vis
de leurs collègues de la nécessité où ils sont
d'y donner leur adhésion, soit par leur peu
de fortune, soit à cause de leur nombreuse
famille.

De la manière dont l'initiative est placée
en Angleterre, un fonctionnaire député
vote toujours conformément à ce qu'il pense,
tandis qu'en France il vote ou du moins
il est souvent dans le cas de voter contre
sa propre conviction.

Les usages anglais établissent justement,
j'en conviens, que les fonctionnaires députés
doivent être dans la dépendance du ministère:
voilà pourquoi les lois ne permettent pas que
ceux sur lesquels cette dépendance pourrait
être exercée trop directement et peser trop
d'aplomb, si je puis m'exprimer ainsi, puissent
être admis à siéger dans la chambre des
communes. Ainsi sont exclues de la possibilité
d'y être élues toutes les personnes intéressées
dans la perception ou l'administration des

taxes créés depuis 1692, excepté les commissaires de la trésorerie : sont exclus également
les commissaires chargés des prises, des trans-
ports, des hôpitaux ; les entrepreneurs des
subsistances de l'armée et de la marine; les
marchands de vin avec licence ; le secrétaire
ou receveur des prises ; le contrôleur des
comptes de l'armée ; les agens comptables
des régimens; les gouverneurs des colonies
ou leurs substituts ; les employés à Gibraltar
dans les contributions indirectes, dans les
douanes ; les commis de bureau de la trésorerie, de la marine, des vivres, de l'ami-
rauté, du trésorier de l'armée et de la marine,
des secrétaires d'état, du sel, du timbre,
des appels ; les colporteurs des commissaires
pour recevoir les comptes des dépenses publiques ; ceux qui reçoivent une pension (à
moins qu'elle ne soit perpétuelle); ceux qui
sont intéressés dans un marché pour un service
public ; tous ceux enfin qui exercent des emplois établis par la couronne depuis 1705.

Ces dispositions législatives, d'une sagesse
facile à apprécier, contribuent à empêcher
que des individus, dont l'indépendance ne
pourrait jamais exister ou du moins à laquelle

il serait difficile de croire, puissent être membres de la chambre des communes.

A ces précautions contre les dangers de donner à la couronne une influence trop facile et trop apparente, l'on a joint celle de ne pas laisser aux ministres la faculté de prendre à volonté des fonctionnaires parmi les membres de la chambre des communes, puisque tout membre des communes qui accepte un emploi de la couronne cesse au même instant de pouvoir y siéger, à moins que ce ne soit un avancement militaire ou une mission diplomatique.

Le membre des communes nommé à une fonction publique, lorsqu'il l'accepte, ne peut continuer à faire partie de la chambre qu'a-près avoir été réélu.

Cette disposition législative semble devoir être inhérente à tout gouvernement repré-sentatif. Voilà celle que des ministres, amis de leur pays, partisans des libertés publiques, auraient dû se hâter d'introduire dans nos lois, au lieu de s'y opposer scandaleusement, comme l'ont fait dans la dernière session M. Pasquier en prouvant sa profonde ignorance de la constitution anglaise et des usages parlementaires, et M. de Serre en regrettant que les moyens de corruption ne soient pas plus étendus qu'ils ne le sont encore ici. Aux argumens présentés par M. Legraverend (1), auteur de cette proposition civique, à ceux employés pour la soutenir par MM. Benjamin Constant, Manuel, Méchin et Foy, il n'y avait aucune autre réponse à faire que celle de fermer la discussion, et de faire décider par une majorité obéissante à la voix ministérielle que l'amendement devait être rejeté; c'est aussi ce qui a été fait, et c'est un triomphe dont M. de Serre pourra être un jour d'autant plus honteux, qu'il sera facile de lui rappeler que lui-même avait proposé, il y a peu de mois, d'adopter la loi anglaise dont je viens de parler. Elle finira par être admise, parce qu'elle est éminemment raisonnable, et qu'il est juste qu'un député qui a obtenu la confiance d'un collége électoral lorsqu'il n'était pas fonctionnaire, s'adresse à ce même collége électoral pour savoir de lui s'il veut la lui conserver, lorsqu'il a changé de position par l'acceptation d'une place.

____

(1) Voir la séance du lundi 12 juin 1820.

Il faut donc conclure avec moi, de ce qui existe en Angleterre et de ce qui n'existe pas en France, que les mêmes coutumes ne peuvent convenir aux deux pays, et que la doctrine parlementaire, que nos ministres ont voulu établir dans le cours de la dernière session, n'était point admissible en France; que vouloir soumettre à la discipline ministérielle anglaise les députés fonctionnaires français, c'est avilir leur caractère; c'est vouloir écarter à jamais des emplois donnés par le gouvernement des hommes tels que MM. Camille Jordan et Royer-Collard; c'est faire une chose tout-à-fait contraire aux intérêts de l'état, et conséquemment à ceux du roi; car il lui importe comme il importe à la patrie que les fonctions publiques soient exercées par des hommes honorables et honorés, par des hommes qui, par des services précédemment rendus, garantissent qu'ils sont en état d'en rendre de nouveaux; par des hommes que le ministère lui-même soit dans l'obligation de respecter, dont la moralité et la réputation commandent la confiance et méritent l'estime des peuples; par des hommes que l'on ne verra point, par ambition ou par cupidité, fouler aux pieds tout sentiment de délicatesse, et renoncer à toute indépendance de pensée pour adopter par ordre l'opinion du ministère quel qu'il soit, et en changer toutes les fois que les ministres ou leurs principes changeront. Ces principes seraient invariables s'ils étaient toujours conformes à l'esprit de la charte, au nom de la quelle, les ministres doivent diriger les affaires publiques sous les auspices de la sagesse royale. La voix souveraine de l'opinion le leur dit assez haut : qu'ils se résignent donc enfin à l'écouter.

Qu'ils reviennent franchement aux dispositions bienfaisantes consacrées par la charte; c'est à l'exécution franche et loyale de ce pacte conciliateur que sont attachées la tranquillité, la gloire et la prospérité de la France.

Qu'ils cessent de comprimer l'élan de la reconnaissance nationale en faveur des députés qui ont constamment défendu les libertés publiques, et d'opposer des ordonnances de police aux chants d'allégresse qui ont salué leur retour dans leurs départemens.

Qu'ils conseillent à des compatriotes, absen de leur pays pendant de longues années, de se faire naturaliser Français, pour prouver que s'ils ont cessé de l'être, ils veulent le redevenir.

Qu'ils renoncent au ridicule et funeste espoir de faire sortir l'ancien régime du gouffre où ses abus l'on précipité pour toujours.

Que leurs regards franchissent un moment les Alpes et les Pyrénées ; qu'ils songent que si la défection des soldats frappe au cœur le pouvoir absolu, la constitution des Cortès porte un coup mortel aux monarchies.

Ministres du roi, hâtez - vous donc, la patrie inquiète vous en conjure, hâtez-vous de restituer la charte tout entière à un peuple instruit à en apprécier tous les bienfaits par l'expérience d'une longue et terrible révolution : c'est le plus bel hommage que vous puissiez rendre à l'auguste auteur de cette charte, et l'unique moyen peut-être que la providence ait laissé à votre disposition pour maintenir la France heureuse et tranquille au milieu des dangers qui menacent tous les trônes, et pour la préserver des orages politiques qui grondent sur le reste de l'Europe

NOTES.

(*a*) DEPUIS des sous-préfets ont été destitués sur des dénonciations calomnieuses insérées dans *le Drapeau blanc*, et des rédacteurs de ce libelle quotidien viennent d'être nommés à des sous-préfectures rendues vacantes par suite du nouveau système adopté par le ministère.

En 1815 la réaction marchait au *pas de charge:* aujourd'hui, pour n'aller que le pas ordinaire, elle n'en est pas moins active ; plus régulière même, elle ne doit paraître que plus effrayante aux yeux de ceux qui peuvent en prévoir les funestes effets. Elle était en 1815 le résultat de l'exaspération : elle est aujourd'hui celui d'un système astucieusement calculé, et suivi avec persévérance. Ce système, dont les conséquences seraient épouvantables, se trouve développé sans mystère dans les lettres confidentielles ou dans les circulaires imprimées, adressées à MM. les préfets par le pair de France chargé de la police générale du royaume, et que MM. les préfets font réimprimer avec des commentaires pour l'instruction de MM. les maires et l'agrément de MM. les ultra (1).

Les destitutions actuelles embrassent tous les fonc-

---

(1) M. B....., agent supérieur de la police secrète, a été chargé de remettre entre autres à quelques Préfest de l'est une instruction confidentielle, où le machiavélisme le plus odieux se dévoile avec une candeur qui fait frémir.

tionnaires civils et militaires, et l'on se hâte de se
conformer au désir témoigné par MM. du conseil
municipal de Caen, qui ont osé demander au roi
qu'un *vil levain* soit retranché de l'armée actuelle.
Bientôt l'on n'y comptera plus effectivement un seul
de ces braves qui portèrent la gloire du nom français
dans toutes les parties de l'Europe; les infâmes soupçons dont ils sont les objets et les victimes ne sont
flétrissans que pour ceux qui les font naître et les
entretiennent ; et si jamais la patrie était menacée,
l'on s'estimerait heureux de pouvoir encore recourir
pour la défendre et la protéger à ceux qui sont
abreuvés aujourd'hui d'amertume et de dégoûts.

Le terme de cette réaction si honteuse pour les
renégats de la révolution, qui s'en font les instru-
mens, ne peut être assigné. Les ministres de 1815
moissonnaient : ceux d'aujourd'hui glanent; ils re-
cherchent avec soin ceux qui échappèrent aux déla-
tions des sociétés secrètes pour les frapper, et met-
tent encore plus d'empressement à replacer ceux qui
ont été indiqués par elles comme dignes de la confiance du gouvernement, quoiqu'ils soient devenus
par leur conduite antérieure des objets d'effroi pour
les départemens où ils multiplièrent les emprison-
nemens, les condamnations, les exils, les proscrip-
tions; en un mot tous ceux que M. le duc Decazes
avaient éloignés des fonctions publiques comme
agens ou partisans de la contre-révolution ont été
rappelés : tous ceux que ce ministre avaient mis en
place dans l'intérêt du roi et de la charte, et conséquemment pour la plus grande prospérité de la

france ont été frappés d'*exhérédation* par les hommes même qui doivent le pouvoir à la crédule bienveillance de l'ex-président du conseil.

En 1815 le but que le gouvernement se proposait d'atteindre n'était un secret pour personne : lorsqu'en 1820 il suit la même marche n'est-il pas clair qu'il veut arriver au même point ? Le ministère doit-il donc s'étonner de l'inquiétude qui règne dans toutes les communes de la France, de l'exaspération dont les symptômes se font remarquer partout, de la licence des discours, de la hardiesse des écrits, du mécontentement universel? Lorsque la maison brûle tout le monde crie au feu. Ils sont sourds ceux qui l'ont mis, ceux qui l'attisent, ceux qui l'entretiennent ! — Ils sont sourds : le seront-ils toujours ?

Bientôt toutes les places civiles, militaires et judiciaires ne seront plus occupées que par des hommes de 1815 Tout semble se préparer pour organiser une nouvelle terreur : des agens secrets sont répandus partout; ils dénoncent sans cesse des conspirations dont le temps nous fera connaître les véritables auteurs. Cette terreur que l'on voudrait établir, l'on ne peut même parvenir à en inspirer la crainte. MM. les ultra, sachez, pour votre instruction et peut-être même pour votre conservation, que la terreur ne peut se créer que lorsque l'on peut persuader au peuple que l'on agit dans ses intérêts, et que jamais vous ne parviendrez à le convaincre que vous vous occupez uniquement des siens.

Pour faire réussir vos plans, réaliser vos espérances, il faudrait que MM. vos ministres pussent parvenir à retrouver la chambre *introuvable;* et si vous êtes les plus nombreux, comme vous vous plaisez à le répéter, pourquoit donc ne faites-vous pas dissoudre la chambre actuelle? L'avenir alors pourrait vous rendre le passé; vous auriez du moins des chances. Dans cette supposition il y aurait bien, je l'avoue, quelques risques à courir; mais ces risques seraient pour vos ministres, et, s'ils succombaient, vous pourriez les remplacer par des hommes qui ne seraient pas couverts de *parjure* et de *pardons.* Vous auriez soin alors d'accomplir le vœu récent du conseil municipal de Caen, et de ne remettre un pouvoir *pur, tutélaire* et *légitime* qu'en des mains *pures* et *fidèles.* Jamais celles de nos Judas révolutionnaires ne pourront paraître telles à vos yeux.

(*b*)Une vieille chronique qui m'est tombée par hasard dans les mains a fixé mon attention par quelques rapprochemens avec les circonstances où nous sommes, et j'y ai vu que, dans tous les temps, des hommes de bien et de mérite avaient été victimes de l'intrigue et de l'envie. Je ne puis résister au désir de citer un de ces passages, qui trouvera facilement sa juste application.

« Celui qui aurait vu M. le chancelier Olivier, ou
»M. le chancelier de l'Hôpital partir de la cour pour
»se retirer en leurs maisons n'aurait jamais envié de
»tels honneurs, ni de telles charges. Imaginez-vous
»ces braves et vénérables vieillards, èsquels relui-
»sait toute sorte de vertus, et èsquels, entre une in-
»finité de grandes parties, vous n'eussiez su que choi-

»sir, remplis d'érudition, consommés ès affaires ;
»amateurs de leur patrie et vraiment dignes de telles
»charges si le siècle n'eût été indigne d'eux. Après
»avoir longuement et fidèlement servi le public, on
»leur dresse des querelles d'Allemand et de fausses
»accusations pour les bannir des affaires, ou plutôt
»pour priver les affaires d'eux, comme un navire
»agité de la conduite de si sages et experts pilotes,
»afin de le faire plus aisément briser en toutes sai-
»sons. C'est ambition que de désirer les charges pu-
»bliques, et faiblesse de courage de les regretter : en
»celle-ci c'est fureur ; en celle-ci, dis-je, où l'auto-
»rité du magistrat sert humblement, voire honteuse-
»ment aux passions de ceux qui ont la force en
»main ; en un temps où la liberté est capitale et la
»vérité criminelle ; en un temps où la misère pu-
»blique implore votre aide, et la violence des mé-
»chans vous ferme la bouche. »

(c) M. Siméon ferait sans doute usage de cette
phrase commode s'il relisait, dans le discours dont
j'ai déjà cité des fragmens, sa doctrine sur la sou-
veraineté.

« Le peuple, propriétaire et dispensateur de la sou-
»veraineté, peut changer son gouvernement et par
»conséquent destituer dans cette grande occasion
»ceux auxquels il l'avait confiée. L'Europe l'a re-
»connu en reconnaissant notre indépendance, ses
»suites et notre nouveau gouvernement. La maison
»qui règne en Angleterre n'a pas eu d'autre droit
»pour exclure les Stuart. »